AUTODEFESA UNIVERSAL

Garantia Individual.

Por: Marcos Cervantes Janssen

ÍNDICE:

- PRÓLOGO: 5
- EDUCAÇÃO: 8
- ÉTICA E MORAL: 11
- VIDA E CORAGEM: 13
- GUERRA OU LUTA: 15
- DISCIPLINA E ORDEM: 17
- OS TRÊS GOVERNOS: 19
- TRABALHO VERDADEIRO: 22
- DIREITO E OBRIGAÇÃO: 24
- EPÍLOGO:

Primeiro Edição: 3 de novembro de 2022

Copyright © *2022 Marcos Cervantes Janssen*

Editado por Editorial letr@roja

https://www.facebook.com/LETRA3ROJA

https://www.newtek.janssen@gmail.com

https://payhip.com/ letra33roja

https://newtekjanssen.es.tl/

letra3roja@gmail.com

PRÓLOGO:

Somos todos o Novo Sistema, por isso, estamos atentos em integrar o ancestral com o novo caminho; portanto, respeitar nosso governo é essencial, mas defender nossas vidas é igualmente importante.

A finalidade deste escrito é promover o desenvolvimento intelectual do indivíduo insatisfeito, isto devido às situações que vivenciamos em matéria de segurança nacional e mundial.

Assim é que no quadro legal, respeitado por todos os seus intervenientes, esperamos uma reação favorável por parte de quem tiver boa vontade e verdadeira actuação em sentido progressista sustentado.

Obedecemos ao princípio da conservação e defesa das nossas garantias individuais, como habitantes racionais deste planeta. Exigimos o diálogo aberto, e promovemos em primeiro lugar, tranquilidade e concórdia, para um verdadeiro desenvolvimento igualitário, em nossa sociedade.

Sabemos das diversas capacidades individuais, e precisamos da integração universal, de todo aquele indivíduo disposto a compartilhar, somente a virtude e os bons costumes, que para todos os tempos se sustentam, com fatos de verdadeira evolução.

É assim que conservando apenas o bem, e rejeitando com força tudo o que deteriora a sociedade, buscamos a liberdade, isso se esclarece categoricamente, somente no quadro legal, disciplinado e evolutivo.

A autodefesa pode assim ser definida como verdadeira liberdade fraterna e transcendente; Sabemos e encorajamos que somente através do conhecimento, adquirido e vivenciado, poderemos corrigir tudo o que tem dado péssimos resultados para o bem comum.

É hora de nos reconhecermos como uma única espécie, uma única raça, é graças à rede das redes, é que podemos vivenciar, o verdadeiro conceito real que é a UNIÃO.

Onde sem dúvida encontramos a força desejada para o salto evolutivo que atraímos há séculos, realmente não há diferença pessoal que não possamos superar, pois nossa capacidade de raciocínio está melhorando devido à nossa conexão contínua, nos tempos atuais.

Exigimos igualdade de direitos, mas também de obrigações, para todos os estratos sociais.

Isso para amalgamar nossa sociedade, em uma única consciência de ajuda mútua, e superar nossas diferenças a cada dia que surgem.

Somente com mentes sãs, sem manipulação química, nem mental desviante, podemos unificar nossas filosofias.

NÓS SOMOS O VERDADEIRO SISTEMA, E NOS SUBMETEMOS LIVREMENTE CONSCIENTEMENTE AO BEM COMUM, ATRAVÉS DO BEM INDIVIDUAL.

EDUCAÇÃO:

Em primeiro lugar, a educação é a única solução verdadeira, sem dúvida, para qualquer problema de segurança nacional.

Tudo muda quando nossa mente tem ordem e uma programação voltada para a geração do bem comum.A verdadeira liberdade está em rejeitar o egoísmo e o senso de competição desonesta.

A igualdade é relativa nos aspectos tribais, mas nos valores fundamentais da vida não é, a diversidade é importante para entender a verdadeira reconciliação humana.

O direito de viver é universal, mas como viver depende da educação e da escolha de cada indivíduo, por isso só uma educação de qualidade e sem manipulação estratégica de dominação é a única verdadeira solução viável.

A educação legítima promove homens livres e conscientes, capazes de serem produtivos, prestativos e plenos no seu desenvolvimento, isto numa mente sã e forte é a verdadeira liberdade humana, sendo cada um útil para todos os outros e por sua vez todos úteis para a vida da dita pessoa .

Uma sociedade educada com princípios de fraternidade e busca do progresso, tem sua mente voltada para a resolução de problemas que dizem respeito ao verdadeiro desenvolvimento social, a ambição excessiva, aliada à desonestidade, transformam o ser humano em uma máquina insaciável de consumo.

Assim, os vícios destroem a eloquência vital do ser humano, que no início experimentou a fraternidade familiar; eis a importância fundamental da família como núcleo originário.

ÉTICA E MORAL:

Essas duas palavras contêm uma força interna que flui com facilidade e habilidade natural nas pessoas de boa vontade.

A ética e a moral exigem disciplina; a palavra DISCIPLINA, é composta por 3 palavras, DIGA, SIM, TOTALMENTE, desta forma, obedecendo às leis do bem comum, exige um alto grau de obediência, isso somente se as leis representarem verdadeiramente, a plena vontade de todos os habitantes, e não apenas de grupos privilegiados, seja por crenças, sobrenomes ou associações de particular conveniência.

Os princípios ético-morais são sempre a única forma ativa de evitar um desequilíbrio comportamental e criminal, por isso a criação de regras, assim como as leis, não são deliberadas, mas requerem atualizações constantes no tempo.

A educação ética produz uma moral correta, desde que seja verdadeiramente universal, inclusiva e distante das crenças, bem como das superstições, baseadas no medo, lembremos com isso que o medo nada tem a ver com a prudência, que é o medo saudável ao universal leis que ao conhecê-las, iremos respeitar e caminhar nesta ordem natural já estabelecida pela existência real do nosso universo.

Devo enfatizar que somente as mentes em sanidade ativa, e exercitando o aprendizado formal, é que se experimenta através de uma vida de qualidade, honra e verdadeiro amor maduro sem emoções transbordantes, darão então a temperança necessária para alcançar a verdadeira ordem e liberdade.

Os verdadeiros princípios morais são incutidos desde a infância, note-se que residem na mente primária e não por aprendizado superficial, a experiência na aplicação dos princípios morais é essencial na boa permanência comportamental.

VIDA E CORAGEM:

Viver bravamente é o único meio verdadeiro pelo qual nossa liberdade permanecerá intacta.Qualquer tipo de governo que se proponha ou se imponha para o bem comum estará sujeito à vontade conjunta de todos os habitantes.

A morte é o meio de controle para quem despreza e desperdiça a vida, então quem defende a vida em sua totalidade perde o medo da morte particular, isso pelo valor que ela dá à vida.

Desta forma, o medo perde toda a interferência naqueles que decidiram cuidar da vida da comunidade em sua totalidade, destacou que não é apenas idealismo, mas também um claro realismo imóvel de sobrevivência.

Assim somado a sobrevivência, melhorando a nós mesmos em nossa vida, terá como elemento fundamental o valor e integridade do pensamento, ação e claro, REAÇÃO IMEDIATA.

Quem realmente valoriza a VIDA merece viver assim; A força necessária para defender e promover a luta pela dignidade da vida exige um elevado grau de coragem, pelo que quem, por arrogância e deformação mental, ameaça a integridade individual através do seu egocentrismo, perde o direito à vida por se expor à legítima defesa individual.

Dessa forma, a defesa de homens e mulheres com direito a viver com dignidade sem opressão, submissão ou imposição é expressa de forma clara e sem hesitações.

A verdadeira coragem exprime-se manifestando-se de forma ordenada, estratégica e decidida, pelo que temos presente que só unidos em permanente colaboração se poderá alcançar a verdadeira liberdade em todos os níveis sociais que determinam a vida com valor, do nosso princípio fundamental a defender.

GUERRA OU LUTA:

Estamos em luta social, mas nunca apoiamos e vamos provocar uma guerra por interesses particulares; A sociedade sempre travará uma luta e não uma guerra, porque sabemos que cada guerra causa retrocessos e danos colaterais, não uma luta, que consegue avançar no desenvolvimento social e na criação de melhores padrões humanos.

Cada luta deve terminar com uma meta superada, e mais um passo na evolução do nosso pensamento, para que as ações das novas gerações sejam mais eficientes no progresso comum como sociedade consciente; a guerra, ao contrário, força soluções partidárias e separação de grupos, causando assim ressentimentos e dívidas sociais sem bom senso.

Cada esforço de cada um dos indivíduos soma-se coletivamente, promovendo um padrão melhorado proporcionalmente ao número de colaboradores.

Devemos mentalizar em nossas ações a luta como nosso movimento, e deixar de nos sentir em guerra, pois somente com estratégia em verdadeiro sentido de cooperação para a vida, nos manteremos fortes e capazes em todos os momentos. Lutar é perseverar, planejar e conquistar passo a passo, sem sobressaltos nem emoções desenfreadas, cada área, circunstância é questão que nos preocupa, a guerra ao contrário nos desgasta por vivenciar o inimigo como uma força frontal. A violência jamais conseguirá o que a CORAGEM consegue, as mudanças permanentes e progressivas advêm apenas da ordem estratégica, e não da força destrutiva exercida pela insensatez. Por fim, devo esclarecer que os princípios, numa verdadeira luta social, serão sempre de natureza pacifista, evolutiva e altamente consciente, por isso sabemos que cada indivíduo deve lutar dentro de si para não estar em guerra internamente, defendendo assim o vida dos outros, dos outros já será da sua natureza, por terem aprendido internamente na própria carne, que lutar não é lutar, não é guerra.

DISCIPLINA E ORDEM:

Como já dissemos, dizer SIM, plenamente, é um ato que acarreta alto grau de confiabilidade em situações ou pessoas a quem decidimos obedecer, isso pela convicção de que os fatos partem de uma lógica linear e não misticismo, nem costumes.

Só assim, através da história dos fatos, podemos reconhecer os verdadeiros precursores da liberdade e do progresso; Assim, um cidadão informado e verificado é um cidadão conformado pela integridade ética.

A desinformação termina na manipulação e exploração das nossas garantias individuais, por isso os meios de comunicação sem ordem nem disciplina, levam o cidadão a tomar atitudes aberrantes e equívocas na vida social, a liberdade sob a estrutura disciplinada da ordem, tem um alto grau de sucesso comunitário que é necessário.

Sabemos que a ordem e a disciplina são amplamente rejeitadas por aqueles que não querem uma sociedade comprometida com a paz e a igualdade.

É assim que só no ordenamento natural de todas as coisas, assim como nos movimentos do universo, ela nos mostra um funcionamento estável e verdadeiramente evolutivo.

Sem mais delongas, devemos entender que através do estudo e da formação de estratégias, a comunidade poderá avançar na solução de qualquer problema futuro, isso só será possível com disciplina e ordem.

Cada organismo, que é um conjunto de órgãos, funcionam assim, coordenados e servindo uns aos outros, então aprendemos com nosso próprio corpo e universo a funcionar em sociedade, na verdadeira ordem fraterna de tudo e para todos, saindo completamente do racismo através do.

OS TRÊS GOVERNOS:

A realidade destes três principais governos é conhecida em todo o mundo, três principais sistemas que regem a vida neste planeta, <u>LEGALISTA, RELIGIOSO E CORRUPTO,</u> falo de uma forma geral e sem querer ser verdade absoluta, apenas o que nós ver dia a dia.

O <u>LEGAL</u> foi estabelecido pelo consenso e tratado de indivíduos ao longo da história, portanto, esses acordos foram e são incorporados em documentos, que são reformados e padronizados para seu funcionamento ideal.

As constituições são formidáveis, mas sua execução é mal conseguida na maioria das vezes, omitindo-as, ignorando a vontade conjunta do povo. A democracia trabalhou muito, dando resultados apenas parciais, mas de grande importância, o socialismo declinou, mas sua influência continua existindo.

A legalidade é constituída por consenso de inteligência coletiva, e só pode ser executada, dando resultados constantes e sólidos para sua verificação, somente pelos fatos <u>A LEGALIDADE</u>, é aprovada pelo povo em sua totalidade.

O governo religioso é sem dúvida uma influência a qual não podemos negar sua existência, infelizmente a religião fanática tem causado milhares de mortes e um estado psicológico de esgotamento na população, embora sua origem tenha sido pela ética e moral, hoje as religiões causam divisão, ódio e orgulho sem igual.

A área da fé envolve uma grande responsabilidade em quem a segrega e a divulga, o nível de consciência universal e o respeito pelas crenças dos outros, são as bases para manter uma sociedade integral, hoje em dia a ciência pode ajudar muito a explicar religiões sem destruí-las, mas não deixando-as apenas como ideias impostas por um grupo limitado de pessoas exclusivas.

Quando me refiro a um governo corrupto, é aquele grupo de indivíduos, que sem legalidade e por meios proibidos, exercem uma autoridade intransigente e violenta, esse tipo de governo costuma esconder, manipular, ameaçar e se impor sem levar em conta, ao bem comum. Seus métodos são desonestos, melindrosos e traiçoeiros por natureza, seu único código de função é através da ganância e do vício fomentado.

Este tipo de governo realmente não é capaz de governar nem mesmo seus membros, devido à falta de raciocínio coletivo, então eles perderam sua visão como seres humanos, ignorando a fraternidade universal que nos une como espécie, seus interesses mesquinhos não permitem para que vejam a realidade de nosso modo de vida natural.

Não conseguem sair de sua necessidade individual de servir à comunidade de forma permanente e sem manipular para seus fins de enriquecimento ilícito e imoral.

TRABALHO VERDADEIRO:

Trabalhar é direito de todos nós, cada um pode escolher a forma e a forma de trabalhar que quiser, mas existem trabalhos lucrativos que prejudicam as garantias e o patrimônio alheio, e é aqui que surge a necessidade de limites para o bem comum bom é determinado. Quando os benefícios são obtidos sem esforço real, nem aplicação de conhecimentos jurídicos a serviço de outrem, essa atividade é considerada ilegal e imoral; como cidadãos determinamos o fruto do nosso trabalho como um bem sagrado, por isso, não só podemos, como devemos, defender com inteligência as nossas garantias individuais.

Como essencial é realizar um trabalho legal e honesto, assim estará intacto nosso direito, de exercer a autoridade moral em observância de nossa defesa individual, cada código civil, e cada regra moral universal, deve ser de nosso pleno conhecimento, isto é nosso trabalho.

O trabalho é o único meio pelo qual o ser humano deve obter riqueza, as formas corruptas de enriquecer não podem ser chamadas de trabalho, mesmo quando é necessário esforço, é verdadeiramente um desperdício é uma aberração. Usando inteligência e energia para enriquecer prejudicando os outros, é por justiça que essas pessoas exigem repressão suficiente para impedir seu exercício e proliferação.

A lei do código civil e penal, endossa em todas as suas instâncias a legítima defesa acima das garantias individuais do agressor, assim como o código moral da defesa dos menores, deficientes ou indefesos, exige energicamente a defesa vital e patrimonial de qualquer civil que o requer. Nosso verdadeiro trabalho é exercer nossos direitos trabalhando legalmente, para receber o pagamento correspondente dos beneficiários, para o sustento digno de todas as nossas famílias.

DIREITO E OBRIGAÇÃO:

Cada cidadão tem, independentemente de sua raça, ou nível social, os mesmos direitos e obrigações estabelecidos para o bem comum, mais vale ressaltar que os indivíduos que por sua livre vontade, não estão respeitando as leis estabelecidas, são isentos de seus direitos, e não de suas obrigações que estão sempre ativas e aguardando seu cumprimento.

Isso esclarece que somente se as obrigações forem cumpridas de forma permanente, os direitos poderão ser plenamente exercidos. Assim teremos uma sociedade de respeito mútuo no exercício da igualdade e da justiça. O respeito pelos direitos legais dos outros promove a paz através do cumprimento exclusivo das obrigações em todas as áreas e em todos os momentos; Sem mais delongas, eles estão sempre correlacionados no absoluto, de modo que os direitos só são exercidos mediante o cumprimento integral das obrigações.

O maior direito que o ser humano tem é a vida, então nossa obrigação suprema é defendê-lo sem dúvida, nesta carta ele rejeitou todas as atividades violentas, sendo a defesa ideal o diálogo e a convivência social, especialmente em caso de violação de nossos direitos vitais , exercermos com toda força o direito à segurança, em legítima defesa individual e coletiva.

É assim que um indivíduo jamais terá o direito de submeter seus pares ao seu julgamento, razão pela qual a educação e o despertar para uma sóbria consciência coletiva certamente nos levará a merecer e ter um GOVERNO LEGÍTIMO no qual confiar e apoiar.

Não há salário sem trabalho, não há direito sem obrigação e não há liberdade sem respeito mútuo.

EPÍLOGO:

Concluindo, a Autodefesa Universal remete como único fim a defesa das garantias individuais, apenas e apenas num contexto geral de bem comum.

O único propósito verdadeiro de manter a vida como prioridade é o serviço mútuo e não o interesse pessoal e egoísta; Assim, um ser humano sóbrio e saudável terá sempre nobreza e fidelidade à verdade do bem comum perante o indivíduo; Cada grupo social tem dentro de si interesses e estratégias de governo, só experimentando a verdadeira fraternidade e o compromisso mútuo, desta forma os mais fracos podem sentir-se verdadeiramente protegidos de todas as ameaças externas e influências físicas e psicológicas corrompidas.

A honra só se exerce a partir da disciplina e dedicação total aos bons costumes.

Todos os direitos reservados. Sob as sanções estabelecidas no ordenamento jurídico,
sem a autorização por escrito dos detentores dos *Copyright* ©
reprodução total ou parcial desta obra por
qualquer meio ou procedimento,
reprografia e tratamento informático

.

MEXICANO COMPROMETIDO CON LA JUSTICIA, CONSCIENTE DE NUESTRA PARTICIPACIÓN GLOBAL, DESEO FOMENTAR EL DESARROLLO SOCIAL, A TRAVÉS DE LA DEFENSA A LA VIDA, ESTUDIAR ES EL CAMINO, Y LA JUSTICIA EL MEDIO .^.

Somos todos el Nuevo sistema, por este motivo, somos conscientes de integrar lo ancestral con el nuevo caminar; así que respetar nuestro gobierno es fundamental, más defender nuestra vida es de igual manera importante. El propósito de este escrito, es fomentar el desarrollo intelectual del individuo inconforme, esto por las situaciones que experimentamos en el tema de seguridad nacional y mundial. Así es que dentro del marco legal, respetado por todas sus partes, esperamos la reacción favorable, de quienes tienen buena voluntad, y verdadera acción en el sentido progresista sostenido.

www.ingramcontent.com/pod-product-compliance
Lightning Source LLC
Chambersburg PA
CBHW050326220526
45465CB00005B/2157